À la recherche de la vérité

Salman et sa conversion à l'Islam

Par
Saleh As-Saleh

Table des matières

Avant-propos.. - 4 -
Au commencement… .... - 9 -
Une autre religion ?... - 11 -
Intérêt suscité… .... - 12 -
Le désaccord .... - 15 -
Salman s'échappe… .... - 18 -
En compagnie du prêtre… .... - 20 -
Salman, avide de piété et de savoir............................ - 24 -
Les signes de la prophétie .... - 28 -
À la rencontre du prophète d'Arabie…..................... - 35 -
Asservi à Allah seul .... - 39 -
L'Islam, la seule issue de cette recherche .... - 42 -
Bibliographie .... - 44 -

Avant-propos

Louange à Allah. Nous Le louons, nous implorons Son aide et nous demandons Son pardon. Nous cherchons protection auprès d'Allah contre notre propre mal et contre nos mauvaises actions. Quiconque Allah guide, nul ne peut l'égarer, et quiconque Il égare, nul ne peut le guider. J'atteste que rien ne mérite d'être adoré à part Allah, Seul et sans associé, et que Mohammed est Son serviteur et Messager.

De nos jours, beaucoup de gens font preuve de curiosité au sujet de l'Islam, mais leurs connaissances varient sensiblement. Leur savoir en matière d'Islam peut provenir d'un article, d'un livre ou d'un texte religieux étudié à l'école. Certains ont eu l'occasion de rencontrer des musulmans, de passer près d'une mosquée, de regarder un documentaire ou un journal télévisé consacré à l'Islam, ou encore de voyager dans un pays musulman. Pour certains, l'Islam n'est qu'une religion parmi tant d'autres, mais pour un grand nombre d'entre eux, l'Islam fait désormais l'objet d'un intérêt tout particulier. A travers ce livre, je m'adresse à ceux qui ne trouvent pas de réponse à leurs nombreuses questions personnelles : « Qui suis-je ? Quel est le véritable Dieu ? Quelle est la voie du salut ? Est-ce l'Islam ? Qu'est-ce que ma conversion à l'islam signifie pour moi, pour mes proches et pour la société dans laquelle je vis ? »

Aujourd'hui de plus en plus de gens ont pris conscience que les progrès d'ordre matériel et profane de notre société ont créé une sorte de vide spirituel qui, par ailleurs, a provoqué un certain nombre de problèmes socio-économiques, politiques, ou encore psychologiques. C'est pour cette raison que ceux qui auparavant s'écriaient : « Laissez-nous vivre et nous amuser ! » ou encore, « Nous ne voulons pas entendre parler de Dieu ! » Ces personnes-là sont désormais à la recherche de la vérité. Ils soulèvent les mêmes questions que nous venons juste de soulever, car la nature humaine fait instinctivement la différence entre le bien et le mal ou la vérité et le mensonge. Cette même nature humaine n'est pas à l'aise quand les attributs divins sont dégradés ou lorsque des qualités humaines lui sont attribuées. Elle reconnaît qu'il ne peut y avoir qu'un seul et unique véritable Dieu et par conséquent, qu'une seule et unique religion que ce même Dieu accepte. Allah ne demande pas à ses créatures à la fois de l'adorer seul et d'adorer en même temps Jésus ﷺ[1], Bouddha, le feu, la lumière, ou encore Krishna, le soleil, la lune, Rama, Khomeiny, les temples, les prophètes, la croix, un arbre, des saints, des prêtres, des moines ou quoi que ce soit.

Tout, excepté Allah, fait partie de la création. Les créatures sont imparfaites et ont besoin des autres, mais Allah Lui, se suffit à lui-même. Il est le Premier et rien n'a pu exister avant Lui. Il est aussi le Dernier et rien ne peut exister après Lui, et c'est vers Lui que nous allons finalement retourner. Il n'engendre pas et n'a pas non plus été engendré. Personne ne lui a attribué son nom. Il s'est Lui-même appelé Allah. Le mot Allah signifie : l'unique et véritable divinité qui seule mérite d'être adorée. Allah n'est pas un dieu « nationaliste » ou « tribal », Il est le Créateur de toute chose et mérite donc que nous nous soumettions à Lui, et à Lui seul. Il a appelé cette forme de soumission : « Islam ».

Dès que l'homme se mit à adorer les créatures d'Allah, animées ou inanimées, la confusion s'installa. A travers la dernière révélation divine à l'homme, le Coran, Allah explique de façon très

---

[1] Cette calligraphie représente la phrase : « 'alayhis-salam », ce qui signifie : que la paix soit sur lui. Par respect, les musulmans prononcent cette invocation après avoir mentionné le nom de n'importe quels prophètes ou messagers.

claire le but pour lequel l'homme est présent sur terre. Que ce soit en public ou en privé, l'homme doit se comporter conformément aux règles divines. Il s'agit là de ce que l'on appelle « l'adoration » dans l'Islam. C'est précisément la raison pour laquelle nous avons tous été créés. Il existe des gens qui acceptent Allah comme étant le seul et unique vrai Dieu qui mérite d'être adoré, mais qui ne vivent pas conformément aux commandements divins. Par leurs actes, ils se sont écartés de l'Islam et ne sont pas un critère de jugement de cette religion. L'Islam est une religion parfaite, mais les hommes ne le sont pas. Notre devoir est donc de se renseigner au sujet de l'Islam.

Ce livre a pour but d'inciter les gens à rechercher leur salut en se penchant de très près sur l'histoire d'un homme et de sa longue quête :

« Salman Al Fârissi » (Salman le Perse).

Pour quelle raison devrions-nous rechercher notre salut ? N'avons-nous rien à apprendre ? Lorsque que nous prenons conscience que nous ne possédons même pas l'air que nous respirons, que nous avons bel et bien été créés et que nous ne nous sommes pas créés nous-mêmes, il est tout naturel de vouloir en savoir plus sur Dieu (Allah). C'est Lui qui nous a créés, nous a donnés vie et vers qui, un jour, nous allons retourner. Ce jour-là sera soit un jour de bonheur éternel, soit un jour de tourment éternel.

L'histoire de Salman

Au commencement...

Personne n'est mieux placé pour raconter l'histoire de Salman que Salman (qu'Allah l'agrée) lui-même. Il l'a racontée à un des compagnons et très proche parent du prophète Mohammed ﷺ[2], Abdullah ibn 'Abbas (qu'Allah l'agrée), qui à son tour, la raconta à d'autres. Il raconte que Salman[3] lui dit[4] :

Perse originaire de la région d'Ispahan[5], j'habitais un village appelé Jayi. Mon père en était le chef et il m'aimait plus que toute autre créature d'Allah. Son amour pour moi était tel, qu'il me faisait

---

[2] Cette calligraphie représente la phrase : « *Sallallahou 'alayhi wa sallam* ». Ce qui signifie : Qu'Allah l'élève et le salue. Par respect pour sa personne, les musulmans doivent prononcer cette invocation après que le nom du prophète Mohammed ﷺ soit mentionné.
[3] Ce récit a été rapporté par L'imam Ahmed dans son « *Mousnad* ».
[4] Le texte en caractère gras est le récit tel qu'il a été rapporté dans le hadith. NdT.
[5] Une région du nord-ouest de l'Iran.

confiance pour surveiller le feu⁶ qu'il allumait et ne laissait jamais s'éteindre.

Ceci est un exemple de bon comportement d'un fils envers son père. Dans son histoire, Salman utilise le bon terme pour désigner le véritable Dieu, Allah. Le nom Allah est le même que celui utilisé par tous les prophètes et messagers. Tout comme en araméen, la langue de notre bien-aimé prophète Jésus ﷺ, le mot pour désigner Dieu a le même sens qu'en arabe.

---

⁶ Son père était un mage (mazdéen), adorateur du feu.

Une autre religion ?

Mon père était propriétaire d'une grande parcelle de terres fertiles. Un jour, alors qu'il était occupé avec ses travaux de construction, il me demanda d'aller y accomplir un certain nombre de tâches dont il avait à cœur. Sur le chemin, il y avait une église chrétienne dans laquelle on pouvait entendre des gens prier. Je n'avais aucune idée de la façon dont les gens vivaient dans le monde extérieur puisque mon père m'enfermait à la maison ! En rencontrant ces gens (dans l'église) et en entendant leur voix, je décidai d'entrer à l'intérieur pour voir ce qu'ils y faisaient.

Intérêt suscité...

En les observant, leurs prières me plurent et suscitèrent en moi un intérêt pour leur religion.

- Je le jure par Allah ! Cette religion est meilleure que la nôtre, pensai-je.

Salman resta ouvert d'esprit sans jamais imiter aveuglément.

Je ne les quittai qu'au coucher du soleil sans même aller aux terres de mon père.

Salman se donna le temps d'observer cette religion qu'il crut, à ce moment-là, être la bonne religion. La perspicacité, ainsi que la bonté de cœur et la patience sont des vertus essentielles afin de se libérer de l'emprisonnement d'une pensée telle que : « D'accord, j'essaierai de me renseigner, mais je suis trop occupé pour le moment », etc. La mort peut frapper à la porte plus tôt que l'on pense.

Je demandai donc (aux personnes présentes dans l'église) :

- D'où provient cette religion ?

Se renseigner sur « l'origine » d'une religion guide les personnes qui sont à la recherche de celle qui est vraie. « L'origine » et « l'essence » sont des termes fondamentaux qui aident tout au long de cette recherche. Quelle est « l'origine » ou « l'essence » de l'Islam ? L'Islam vient d'Allah, le Créateur et le véritable Dieu. L'essence de cette religion est la soumission à Lui ﷻ[7].

Ils me dirent que cette religion venait du *Sham*[8]. De retour chez mon père, qui avait envoyé quelqu'un à ma recherche, car il était inquiet, il me dit :
- Mon fils ! Où étais-tu ? Ne t'avais-je pas confié une tâche ?
- Père, j'ai rencontré des gens qui priaient dans une église, leur religion me plut et je te le jure par Allah, je suis resté en leur compagnie jusqu'au coucher du soleil.

Ceci est une grande preuve d'honnêteté de la part de quelqu'un qui connaît bien les responsabilités

---

[7] Cette calligraphie représente la phrase : *Soubhanahou wa ta'ala*. Ce qui signifie : Qu'Allah soit élevé au-dessus de ce que les mécréants Lui attribuent. Par respect, les musulmans disent cette phrase après avoir mentionné le nom d'Allah.
[8] *Sham* : de l'arabe : le Nord. C'est une région qui comprend de nos jours le Liban, la Syrie, la Palestine et la Jordanie.

religieuses de son père. C'est de cette franchise là dont on doit s'armer lorsqu'on est à la recherche de la vérité.

Le désaccord

Mon père me dit alors :
- Mon fils ! Il n'y a aucun bienfait dans cette religion. La religion de tes ancêtres est bien meilleure.

Il s'agit là d'un thème récurrent : le fait de suivre les autres aveuglément en matière de religion. Cela nous rappelle les paroles d'Allah :

$$\text{﴿ وَقَالَ الَّذِينَ كَفَرُوا لَا تَسْمَعُوا لِهَٰذَا الْقُرْآنِ وَالْغَوْا فِيهِ لَعَلَّكُمْ تَغْلِبُونَ ﴾}$$

« *Et les mécréants dirent : « Ne prêtez pas l'oreille à ce Coran, et causez du tumulte durant sa récitation afin d'avoir le dessus[9].* »

---

[9] [Coran : Fussilat (41), 26]

$$\{ \text{بَلْ قَالُوٓا۟ إِنَّا وَجَدْنَآ ءَابَآءَنَا عَلَىٰٓ أُمَّةٍ وَإِنَّا عَلَىٰٓ ءَاثَٰرِهِم مُّهْتَدُونَ ﴿٢٢﴾} \}$$

« *Mais ils dirent plutôt : « Nous avons trouvé nos ancêtres sur une religion et nous suivons leurs traces[10]. »*

$$\{ \text{بَلْ نَتَّبِعُ مَا وَجَدْنَا عَلَيْهِ ءَابَآءَنَآ} \}$$

« *Nous suivons plutôt ce que faisaient nos ancêtres[11]. »*

$$\{ \text{مَا سَمِعْنَا بِهَٰذَا فِىٓ ءَابَآئِنَا ٱلْأَوَّلِينَ ﴿٢٤﴾} \}$$

« *Jamais nous n'avons entendu de telle chose chez nos ancêtres[12]. »*

Les personnes ayant quitté leur religion pour se convertir à l'Islam vous diront que les arguments qu'ils ont entendus sont les mêmes que ceux des mécréants qu'Allah a cités dans le Coran. Des arguments du type : « Renoncerais-tu à la religion de

---

[10] [Coran : Al Zukhruf (43), 22]
[11] [Coran : Luqman (31), 21]
[12] [Coran : Al Mouminoun (23), 24]

tes parents et de tes ancêtres ? » Pire encore, il arrive que la famille et les proches s'opposent à la conversion. L'ampleur de cette opposition va de menaces de mort à la séparation pure et simple. En règle générale, c'est ce qui arrive, mais il est vrai qu'il existe des cas de moindre opposition voire de neutralité.

- Je te le jure par Allah, cette religion est meilleure que la nôtre, lui dis-je.

Salman aimait son père, mais il refusa de le flatter dans le but de transiger sur ce qu'il croyait à ce moment être la vérité. Quelle fut la réaction de son père ?

Il se mit à proférer des menaces, puis il m'enferma dans sa maison, les chaînes aux pieds.

Un père torturerait-il le fils qu'il aime afin de l'empêcher de rechercher la vérité ? Beaucoup de prophètes furent accusés ou maltraités par des membres de leur propre famille pour avoir agi contre « les traditions ». Salman s'arrêta-t-il là ?

Salman s'échappe...

J'envoyai un message aux chrétiens leur demandant de m'avertir de l'arrivée de la prochaine caravane chrétienne en provenance du Sham. Je fus mis au courant de l'arrivée d'une caravane de commerçants chrétiens. Je demandai donc qu'on me prévienne dès que les caravaniers en avaient terminé avec leurs affaires et qu'ils avaient décidé de retourner dans leur pays. Une fois informé du départ des chrétiens pour le Sham, je réussis à me débarrasser des chaînes qui me liaient les pieds et restai en compagnie des caravaniers jusqu'à notre arrivée.

Salman refusa d'obéir aux ordres injustes de son père et poursuivit ses efforts dans le but de connaître la vérité. Il finit par comprendre la vérité au sujet du créateur : Allah.

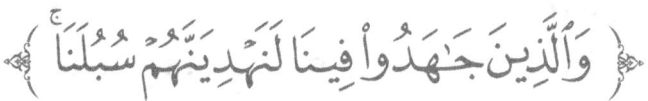

« *Et quant à ceux qui luttent pour Notre cause, Nous*[13] *les guiderons certes sur Nos sentiers.*[14] »

---

[13] On utilise le pronom personnel pluriel pour signifier la puissance, la grandeur et l'omnipotence. L'utilisation du

Salman prit la décision de partir à la recherche de la vérité, malgré le fait qu'il avait pour destination un endroit lointain et inconnu. Allah, exalté et glorifié soit-il, connaissant l'honnêteté de Salman, l'aida et lui facilita la tâche afin de trouver un moyen de se rendre au Sham.

---

pronom pluriel est un usage courant dans les langues sémitiques notamment pour les monarques. Les dynasties anglaises utilisent aussi cette forme. Allah quant à lui possède les meilleurs qualificatifs. « *Nous* » ne signifie nullement la trinité ou quelque autre concept mensonger.
[14] [Coran : Al Ankabout (29), 69]

En compagnie du prêtre...

Dès mon arrivée au Sham je demandai :
- Qui est le plus savant parmi les adeptes de votre religion ?

Salman était à la recherche de la vérité parfaite, il voulait donc rencontrer la personne la plus pieuse parmi les gens du Sham. Pourquoi donc ? Certains recherchent la meilleure des épouses, d'autres veulent la meilleure des nourritures ou encore les meilleurs vêtements. Salman quant à lui, était à la recherche de la personne la plus pieuse.

- Le prêtre se trouve dans l'église, me dirent-ils. J'allai donc le voir et lui dis :
- Cette religion me plaît et je voudrai tant rester à vos côtés et être à votre service dans cette église. Je pourrai apprendre et prier en votre compagnie.

Dès le début, Salman comprit que le savoir ne pouvait être acquis qu'auprès des savants. En échange, il était prêt à devenir le serviteur du prêtre. En s'armant de modestie, ceux qui sont à la recherche de la vérité, s'en approcheront de plus en plus. En l'absence de modestie, par contre, l'arrogance prend le dessus et conduit les gens à s'écarter des signes de la vérité, ce qui les mène vers leur propre destruction.

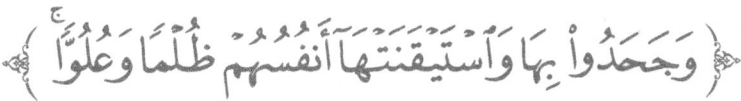

« *Ils les nièrent injustement et orgueilleusement, tandis qu'intérieurement, ils y croyaient avec certitude.*[15] »

La richesse, le statut social ou d'autres éléments d'ordre matériel ne doivent jamais faire obstacle à ceux qui sont à la recherche de la vérité. L'issue de cette recherche va quant à elle, déterminer leur avenir. Toutes ces choses-là sont amenées à disparaître, et chacun d'entre nous se retrouvera dans sa tombe avec rien de plus que ses bonnes œuvres ; les bonnes œuvres du cœur (la foi) et celles de la langue et du corps qui sont l'expression des œuvres du cœur. Suis-je soumis à mon créateur ? Est-ce que je vis suivant ses obligations prescrites par le Coran et selon les enseignements de Mohammed ﷺ, le dernier des messagers ? C'est la seule chose qui nous sera utile le jour du jugement dernier.

---

[15] [Coran : An-Naml (27), 14]

« *Le jour où ni les biens, ni les enfants ne seront d'aucune utilité, sauf celui qui vient à Allah avec un cœur sain.*[16] »

- Tu peux entrer et rester en ma compagnie, me dit-il. Je me joignis donc à lui.

Après quelque temps, Salman découvrit quelque chose au sujet du prêtre. C'était en fait un homme mauvais qui ordonnait et incitait les gens à faire la charité dans le seul but de se l'accaparer. Il ne reversait rien aux pauvres et finit par rassembler sept jarres remplies d'or et d'argent !

Ceci est la preuve qu'il existera toujours et partout des personnes mauvaises et malhonnêtes ; les hypocrites et ceux qui font preuve de bassesse. Salman s'arrêta-t-il à cet homme malhonnête ? Bien au contraire, il franchit une autre étape dans sa recherche, sans jamais se détourner de son objectif : découvrir la vérité.

Je le détestai pour tout ce qu'il avait fait.

---

[16] [Coran : Al Shou'ara (26), 88-89]

Il est évident que sa haine pour le prêtre ne l'arrêta pas dans sa recherche. Connaissant son désir sincère pour la vérité, Allah, exalté et glorifié soit-il, le guida.

A la mort du prêtre, les chrétiens se rassemblèrent pour l'enterrer. Je leur racontai que c'était un homme mauvais qui ordonnait et incitait les gens à faire la charité dans le seul but de se l'accaparer, et qu'il ne reversait rien aux pauvres. Ils me dirent :

- Comment es-tu au courant d'une telle chose ?
- Je peux vous montrer son trésor, leur répondis-je.
- Montre-le-nous, me dirent-ils.
Je leur montrai l'endroit (où le prêtre avait caché son trésor) et ils y trouvèrent sept jarres remplies d'or et d'argent. A la vue d'une telle chose, ils s'écrièrent :
- Par Allah ! Nous ne l'enterrerons pas. » Ils le crucifièrent et le lapidèrent.[17]

---

[17] Rappelons qu'il est important de souligner que Salman ne se détourna pas de ce qu'il croyait être la vérité pour la seule raison que cette personne commettait de tels actes. Jamais il ne dit : « Ah ces chrétiens ! Même le plus pieux d'entre eux est mauvais ! » Bien au contraire, il sut juger la religion par ses croyances et non par ses adeptes.

Salman, avide de piété et de savoir

Ce prêtre fût remplacé par un autre. Jamais je n'avais vu quelqu'un qui priait les cinq prières quotidiennes aussi bien que lui. Personne n'était plus détaché des choses de ce monde et aussi attaché à l'au-delà. Nul n'était plus assidu que lui, de jour comme de nuit. Jamais je n'ai aimé quelqu'un autant que lui auparavant.

Dans l'Islam, il y a cinq prières obligatoires. Allah a enseigné au prophète la façon de les accomplir ainsi que ses horaires. Elles n'ont rien de prières imaginées ou pratiquées par des gens quelconques. Elles constituent le fondement de la religion musulmane. En priant de la même façon que le prophète, on se purifie des péchés et des mauvaises actions que l'on peut commettre chaque jour.

Je restai quelque temps en sa compagnie et à l'approche de sa mort, je lui demandai :

- Je suis resté avec toi et je t'ai aimé plus que tout et comme tu le vois, Allah a voulu que ton heure soit proche. Vers qui me conseilles-tu donc de me rendre ? Et que m'ordonnes-tu de faire ?

Salman se demandait déjà avec qui allait-il rester à la mort du prêtre. Une fois de plus, il se mit à la recherche de gens pieux et savants. Son empressement, ainsi que son désir de vérité étaient inébranlables.

Le prêtre me dit alors :

- Je te le jure par Allah ! Les gens courent à leur perte. Ils ont changé et altéré la religion qu'ils pratiquent. Je ne connais personne qui suive la même religion que moi, mis à part un homme (nommé untel) à Mossoul[18], va donc à sa rencontre.

A la mort du prêtre, je me rendis à Mossoul à la rencontre de cet homme et lui dis :

- Juste avant sa mort, le prêtre untel m'a conseillé de rester en ta compagnie. Il m'a aussi dit que tu suivais la même religion que lui.

Il accepta que je reste à ses côtés. Je restai donc avec lui et en effet, je vis en lui le meilleur des adeptes de la religion de son compagnon.

---

[18] Une grande ville du nord-ouest de l'Iraq.

Peu de temps après, à l'approche de sa mort, Salman lui demanda les mêmes choses qu'au prêtre précédent. Il lui répondit :

- Je te le jure par Allah ! Je ne connais aucun adepte de notre religion à part un homme à Nassibine[19], il s'appelle untel. Va donc le trouver.

Après sa mort, je pris la route pour Nassibine.

Salman trouva cet homme et resta quelque temps en sa compagnie jusqu'à ce que sa mort approche. A l'approche de sa mort, Salman lui demanda les mêmes conseils qu'au prêtre précédent : vers qui se rendre et où aller ? Le prêtre lui recommanda de se rendre à 'Amouria[20] où se trouvait un homme qui suivait la même religion que les autres prêtres. A la mort de son compagnon, Salman se rendit donc à 'Amouria où il rencontra le prêtre en question. Il y travailla et finit par gagner quelques vaches et un mouton.

Gagner sa vie de façon licite est une chose très importante pour le croyant. Bien entendu, l'argent a une très grande influence. Certains vendent leurs principes et leur personne pour un vil prix, d'autres deviennent hypocrites pour le seul but d'acquérir de

---

[19] Une ville entre Mossoul et le Sham.
[20] Une ville de l'empire romain d'Orient.

l'argent, tandis que d'autres défendent la vérité sans se soucier de ce qu'ils pourraient perdre. Ceux-ci obtiennent la paix du cœur et de l'esprit.

Les signes de la prophétie

A l'approche de la mort du prêtre de 'Amouria, Salman demanda une fois de plus les mêmes conseils, mais cette fois le prêtre lui répondit différemment :

- Mon fils, je ne connais aucun autre adepte de notre religion, mais un prophète doit faire son apparition de ton vivant ; il suit la même religion qu'Abraham.

Ce prêtre connaissait le chemin suivi par Abraham : le monothéisme ou l'adoration d'Allah seul. Il savait bien ce qu'Abraham avait recommandé à ses enfants :

﴿ وَوَصَّىٰ بِهَآ إِبْرَٰهِـۧمُ بَنِيهِ وَيَعْقُوبُ يَٰبَنِىَّ إِنَّ ٱللَّهَ ٱصْطَفَىٰ لَكُمُ ٱلدِّينَ فَلَا تَمُوتُنَّ إِلَّا وَأَنتُم مُّسْلِمُونَ ۝ ﴾

« *Et c'est ce qu'Abraham recommanda à ses fils, de même que Jacob : « Ô mes fils ! Allah a choisi pour vous la religion, ne mourez donc que soumis à Allah !*[21] »

---

[21] [Coran : Al Baqarah (2), 132]

Abraham épousa Sarah et Agar. De son union avec Sarah, il eut pour descendance Isaac, Jacob, Joseph, David, Salomon, Moïse et Jésus, que la paix soit sur chacun d'entre eux. De son union avec Agar, proviennent Ismaël et Mohammed ﷺ. Ismaël grandit à Becca (plus connue sous le nom de La Mecque) en Arabie, et Mohammed ﷺ est un de ses descendants.

Le prêtre savait très bien que la religion d'Abraham était la véritable religion à suivre. Il avait sans doute lu la promesse faite par Allah dans la Genèse 21 :18, qu'Il allait élever une nation issue de la lignée d'Ismaël au rang des grandes nations. C'est pour cette raison qu'il recommanda à Salman d'aller à la rencontre de ce prophète, descendant d'Ismaël, qui se soumet à Allah et suit le chemin d'Abraham.

﴿ رَبَّنَا وَٱبْعَثْ فِيهِمْ رَسُولًا مِّنْهُمْ يَتْلُواْ عَلَيْهِمْ ءَايَٰتِكَ وَيُعَلِّمُهُمُ ٱلْكِتَٰبَ وَٱلْحِكْمَةَ وَيُزَكِّيهِمْ إِنَّكَ أَنتَ ٱلْعَزِيزُ ٱلْحَكِيمُ ۝ ﴾

« Seigneur ! Envoie-leur un messager choisi parmi eux, afin qu'il leur récite Tes versets, leur enseigne le Livre et la Sagesse et les purifie. Tu es certes le Puissant, le Sage ! [22] »

---

[22] [Coran : Al Baqarah (2), 129]

{ ثُمَّ أَوْحَيْنَا إِلَيْكَ أَنِ اتَّبِعْ مِلَّةَ إِبْرَاهِيمَ حَنِيفًا وَمَا كَانَ مِنَ الْمُشْرِكِينَ (١٢٣) }

« *Puis Nous t'avons révélé : Suis la religion d'Abraham qui vouait un culte exclusif à Allah et n'était point du nombre des polythéistes*[23]. »

{ إِنَّ أَوْلَى النَّاسِ بِإِبْرَاهِيمَ لَلَّذِينَ اتَّبَعُوهُ وَهَذَا النَّبِيُّ وَالَّذِينَ آمَنُوا وَاللَّهُ وَلِيُّ الْمُؤْمِنِينَ (٦٨) }

« *Certes, les hommes les plus en droit de se réclamer d'Abraham, sont ceux qui l'ont suivi, ainsi que ce prophète-ci, et ceux qui ont cru. Et Allah est l'allié des croyants.*[24] »

Le prêtre me décrivit ce prophète :

- Il sera envoyé avec la même religion qu'Abraham. Il viendra d'Arabie et émigrera vers un endroit situé entre deux contrées couvertes de pierres noires où se trouve une palmeraie. Il possède des signes particuliers : il mange la nourriture qui lui a été offerte à moins qu'elle ne soit une charité et le sceau de la prophétie se trouve entre ses épaules. Si tu en as la possibilité, rends-toi dans cette région.

---

[23] [Coran : An-Nahl (16), 123]
[24] [Coran : Âl Imrâne (3), 68]

Cet homme savait qu'un prophète parmi les frères des Israélites viendrait d'Arabie. « *Je leur susciterai au sein de leurs frères un prophète comme toi*[25], *je mettrai*

---

[25] Un Prophète comme toi Moïse :

Traits de comparaison	Jésus	Mohammed	Moïse
Conception et Naissance	Normale, mais conception miraculeuse	*Normale*	*Normale*
Vie de famille	Jamais marié, sans enfants	*Marié, des enfants*	*Marié, des enfants*
Mort	Toujours en vie	*Normale*	*Normale*
Emigration forcée (à l'âge adulte)	Aucune	*A Médine*	*A Madian*
Révélation écrite	Après sa venue	*De son vivant*	*De son vivant*
Accepté comme dirigeant par son peuple	Rejeté par la plupart des Israélites	*Rejeté puis accepté*	*Rejeté puis accepté*

mes paroles dans sa bouche[26], *et il leur dira tout ce que je lui commanderai* » (Deutéronome 18, 17-18). De toute évidence, ce verset ne fait pas référence à Jésus comme Paul a tenté de l'interpréter (Actes 13 : 22-23). Jésus n'était pas un descendant d'Ismaël et étant lui-même Israélite[27], il ne pouvait donc pas être parmi « leurs frères ».

Le prêtre avait connaissance des écrits concernant la révélation divine venant de Théman (situé au nord de Médine, en Arabie, selon J. Hastings dans son Dictionnaire de la Bible, <u>*Dictionary of the Bible*</u>). Il

---

[26] A l'âge de quarante ans, Mohammed ﷺ se trouvait dans la grotte Hira à La Mecque, lorsque l'ange Gabriel lui ordonna de « lire » et de « réciter ». Terrifié, Mohammed ﷺ lui répondit : « Je suis illettré ! » Ensuite l'ange Gabriel récita les paroles d'Allah et le prophète les répéta :

﴿ اقْرَأْ بِاسْمِ رَبِّكَ الَّذِي خَلَقَ ۝ خَلَقَ الْإِنسَانَ مِنْ عَلَقٍ ۝ اقْرَأْ وَرَبُّكَ الْأَكْرَمُ ۝ الَّذِي عَلَّمَ بِالْقَلَمِ ۝ عَلَّمَ الْإِنسَانَ مَا لَمْ يَعْلَمْ ۝ ﴾

1. Lis, au nom de ton Seigneur Qui a créé,
2. Qui a créé l'homme d'un caillot de sang.
3. Lis ! Ton Seigneur est le Très Noble.
4. Celui Qui a enseigné par la plume,
5. Qui a enseigné à l'homme ce qu'il ne savait pas. [Coran : (Al-'Alaq (96), 1-5)]

[27] Rappelons que la Bible fait référence aux Israélites comme étant les frères des Ismaélites.

connaissait également « le Saint » venant de Paran[28]. Selon la Genèse, 21 :21, le désert de Paran est l'endroit où s'installa le prophète Ismaël et y eut ses douze enfants, dont Kédar qui fut son fils. Dans Ésaïe 42 :1-13, « l'élu de l'Eternel » est lié aux descendants de Kédar, l'ancêtre du prophète Mohammed.

Quand le prophète Mohammed ﷺ appela les Mecquois à se soumettre à Allah, la plupart d'entre eux refusèrent et se mirent à comploter contre lui afin de le tuer. Allah lui ordonna, ainsi qu'à ceux ayant accepté l'Islam comme religion, d'émigrer à Médine. Peu de temps après (une année après l'émigration du prophète à Médine), Badr fut le théâtre d'une guerre entre les païens Mecquois et « une poignée infime d'archers et de guerriers » (Ésaïe 21 :13-17), représentée par Mohammed et ses compagnons. Le prophète et ses compagnons en sortirent victorieux.

Le prêtre savait aussi que Jésus ﷺ avait annoncé la venue du Prophète Ahmed ﷺ (Mohammed ﷺ)[29].

---

[28] « Dieu (sa révélation) vient de Théman, le saint vient de la montagne de Paran... Sa Majesté couvre les cieux, Et sa gloire remplit la terre. » (Habacuc 3 : 3)

[29] Littéralement, Ahmed signifie : « celui qui loue Allah plus que les autres ». Il s'agit du deuxième nom du Prophète Mohammed ﷺ qui lui-même dit dans un récit authentique le

Allah mentionne dans le Coran la bonne nouvelle qui a été annoncée par Jésus :

$$\text{﴿ وَإِذْ قَالَ عِيسَى ٱبْنُ مَرْيَمَ يَٰبَنِىٓ إِسْرَٰٓءِيلَ إِنِّى رَسُولُ ٱللَّهِ إِلَيْكُم مُّصَدِّقًا لِّمَا بَيْنَ يَدَىَّ مِنَ ٱلتَّوْرَىٰةِ وَمُبَشِّرًۢا بِرَسُولٍ يَأْتِى مِنۢ بَعْدِى ٱسْمُهُۥٓ أَحْمَدُ ﴾}$$

« Et quand Jésus fils de Marie dit : Ô Enfants d'Israël ! Je suis vraiment envoyé de Dieu vers vous, confirmant ce qui est venu avant moi dans la Thora, et pour annoncer un Messager après moi, dont le nom sera « Ahmad ».[30] »

À la mort du prêtre, Salman resta à 'Amouria.

---

concernant : « Je m'appelle Mohammed et Ahmed, je m'appelle Al Mâhi par lequel Allah éradiquera l'incroyance, je m'appelle Al Hâchir qui sera le premier à être ressuscité, alors que tous seront ressuscités après moi. Je m'appelle aussi Al 'Aqib (c.-à-d. qu'il n'y aura aucun prophète après lui).

[30] [Coran : As-Saff (61), 6]

À la rencontre du prophète d'Arabie...

Un jour, je croisai des commerçants de la tribu des *Kalb*[31] et leur demandai :

- Prenez-moi avec vous en Arabie et je vous donnerai en échange mes vaches ainsi que l'unique mouton que je possède.

Ils acceptèrent l'offre de Salman et l'emmenèrent avec lui. Arrivés à Wadi Al Quraa (près de Médine), il fut vendu comme esclave à un Juif. Salman resta avec le Juif et vit les palmiers (ceux dont le prêtre avait parlé).

« J'espérai que c'était le même endroit que mon ami avait décrit », me dis-je.

Un jour, Salman fut vendu au cousin de son maître, un homme de la tribu juive de Médine des Bani Quraidhah.

---

[31] Une tribu arabe.

Il m'emmena avec lui à Médine, et je le jure par Allah, une fois que je vis cette ville, je sus que c'était l'endroit que mon ami avait décrit. Allah envoya son messager (c.-à-d. Mohammed ﷺ) et resta à la Mecque un certain temps[32]. Je n'entendis pas parler de lui, car j'étais trop occupé avec mon travail d'esclave. Ensuite, il émigra à Médine. Un jour, j'étais perché en haut d'un palmier afin d'y accomplir une tâche pour mon maître, quand un de ses cousins s'approcha de lui alors qu'il était assis et lui dit :

- Maudite soit la tribu des Bani Qaylah ! Ils se sont réunis à Qouba[33] autour d'un homme qui vient de la Mecque et qui prétend être Prophète !

À l'entendre, je me mis à trembler si fort que je craignis de tomber sur mon maître. Je descendis et lui dis alors :

- Que dis-tu ? Que dis-tu ?

Mon maître se mit en colère et me frappa d'un violent coup de poing en s'écriant :

- Cette affaire te regarde-t-elle ? Continue ton travail !

---

[32] Treize ans à compter du début de la révélation.
[33] À Médine.

- Cela ne me regarde en rien, lui répondis-je, je voulais juste m'assurer que ce qu'il dit est vrai.

Ce soir-là, je partis à la rencontre du Messager d'Allah alors qu'il était à Qouba, en emportant avec moi quelque chose que j'avais gardé. Je m'approchai de lui et lui dit :

- On raconte que vous êtes un homme pieux accompagné d'étrangers dans le besoin. Voici quelque chose que j'ai gardé pour en faire charité ; je crois que vous le méritez plus que quiconque.
Je le lui donnai donc, et il dit à ses compagnons :

- Mangez !

Il n'y toucha pas et refusa de manger. Je me dis alors : « En voilà un. » (c.-à-d. un des signes de la prophétie).

À la suite de cette rencontre avec le Prophète ﷺ, Salman alla de nouveau l'interroger ! Cette fois-ci, il lui apporta quelque chose en cadeau. Il se rendit à Médine et lui dit :

- J'ai vu que vous ne mangiez pas la nourriture offerte en charité ; voilà donc un cadeau avec lequel j'aimerais vous honorer. Le prophète ﷺ mangea ainsi que ses compagnons.

- En voilà deux, me dis-je (c.-à-d. deux signes de la prophétie).

Par la suite, Salman se rendit au Baqi' Al Gharqad (un cimetière où sont enterrés plusieurs compagnons du Prophète) alors que le Prophète ﷺ assistait aux funérailles d'un de ses compagnons. Ce fut sa troisième rencontre avec lui ﷺ.

Je saluai le prophète ﷺ (du salut de l'Islam : « Que la paix soit sur vous ») puis me tins derrière lui pour essayer d'apercevoir le sceau de la prophétie qui m'avait été décrit par mon ami. En me voyant, il comprit que j'essayai de vérifier quelque chose dont on m'avait parlé. Il se découvrit le dos et laissa apparaître le sceau en question. Je me jetai dessus, en larmes, et me mis à l'embrasser. Le prophète ﷺ me demanda de me tourner vers lui et je lui racontai alors mon histoire, tout comme je te la raconte maintenant Ibn Abbas[34]. Mon histoire lui plut tellement qu'il me demanda de la raconter à ses compagnons.

---

[34] Rappelons que Salman raconte son histoire à Ibn Abbas.

Asservi à Allah seul

Salman continua de raconter son histoire à Ibn Abbas. Etant toujours asservi à son maître, il ne put participer à deux des batailles que le prophète mena contre les païens Mecquois. Un jour, le prophète l'interpella :

- Salman ! Paye ton maître en échange de ton affranchissement.

Salman se mit d'accord avec son maître pour lui payer la somme de quarante onces d'or et lui planter et cultiver trois cents palmiers. Le prophète dit alors à ses compagnons :

- Venez en aide à votre frère !

Ils l'aidèrent à rassembler et à planter les trois cents palmiers. Le prophète demanda à Salman de creuser des trous dans lesquels il planta lui-même de jeunes palmiers.

- Je le jure par celui qui tient mon âme dans sa main (c.-à-d. Allah) qu'aucun palmier ne mourut.

Une fois la tâche des palmiers accomplie, le prophète donna à Salman une quantité d'or de la taille d'un œuf de poule.

- Prends-le Salman, et paye ton maître ce que tu lui dois, lui dit-il. Salman lui demanda alors :

- Cela suffira-t-il à payer ce que je dois à mon maître ?

Le prophète lui répondit :

- Prends-le donc, et Allah fera en sorte que cela suffise.[35]

Il prit donc l'or, le pesa et il faisait bien quarante onces. Salman s'en acquitta auprès de son maître pour tenir son engagement et fut finalement affranchi. Dès lors, Salman devint un très proche compagnon du prophète ﷺ.

Abou Hourayrah ؓ, un des plus grands compagnons du prophète ﷺ, raconte : « Alors que nous étions assis en compagnie du messager d'Allah, la sourate Al-Joumou'ah (le Vendredi) fut révélée. Le prophète se mit à réciter :

---

[35] Il s'agit là d'un miracle divin.

﴿ وَءَاخَرِينَ مِنْهُمْ لَمَّا يَلْحَقُوا بِهِمْ ﴾

« (Il l'a envoyé également) vers d'autres peuples qui viendront plus tard. [36] »

Une personne parmi nous interpella le prophète : « Messager d'Allah ! Qui sont ceux qui viendront plus tard ? » Le Messager d'Allah se tut et ne répondit pas, il posa sa main sur Salman et dit : « Je le jure par celui qui tient mon âme dans ses mains ! Même si la foi se trouvait aussi loin qu'Al Thoureyya'[37], des hommes comme Salman pourraient certainement l'atteindre. (Sounan de Tirmidhi)

---

[36] [Coran : Al Joumou'ah (62), 3]
[37] Al Thoureyya' ou les Pléiades qui sont un amas de cinq cents étoiles plus connues pour ses sept fameuses étoiles. En réalité, c'est une constellation dont une douzaine d'étoiles sont visibles à l'œil nu.

L'Islam, la seule issue de cette recherche

Beaucoup de personnes autour de nous sont comme Salman. Ces personnes recherchent la vérité sur le véritable et unique Dieu. L'aventure de Salman est similaire à l'histoire de certaines personnes à notre époque. La recherche entreprise par certains, les mena d'une église à l'autre, de l'église au bouddhisme ou à la passivité, du Judaïsme à la neutralité ou encore d'une religion à des formes de méditations, voire de torture mentale. J'ai eu l'occasion de rencontrer des gens ou d'entendre parler de certains qui passent d'une pensée à une autre, mais qui sont trop effrayés à l'idée même de se renseigner sur l'Islam ! Cependant, en rencontrant des musulmans, ils finirent par devenir un peu plus ouverts d'esprit. L'aventure de Salman est l'histoire d'une longue recherche. En tirant des leçons de son histoire, vous pourrez écourter la vôtre.

Que la paix et le salut soient sur notre Prophète Mohammed et notre dernière invocation est : la louange à Allah, seigneur des mondes...

Bibliographie

1. <u>L'histoire de la conversion à l'Islam de Salman</u> : le livre en arabe par Houssein Al-Ouweycha.

2. Le tableau en page 31 est tiré du livre intitulé « <u>Mohammed dans la Bible</u> » dont la partie concernant la mort de Jésus ﷺ a été rectifiée. En effet, Jésus n'est pas mort, car Allah le préserva de la crucifixion et l'éleva au ciel. Sa mort arrivera avant le jour du Jugement dernier et après son retour sur terre. Sur terre, Jésus fera appliquer les lois du livre d'Allah, le Coran, et les enseignements du prophète Mohammed ﷺ.

www.ingramcontent.com/pod-product-compliance
Lightning Source LLC
Chambersburg PA
CBHW070340120526
44590CB00017B/2961